AF339740

REVUE

DE

LARYNGOLOGIE

PAR LE Dr E. BALTUS,

Professeur de Physiologie à la Faculté libre de Médecine de Lille.

———

I. — M. le docteur Gouguenheim, médecin des hôpitaux, a communiqué à l'Académie de Médecine, dans sa séance du 26 février 1884, une intéressante *Etude anatomique et pathologique des ganglions péritrachéolaryngiens*. Il entend sous ce nom les glandes lymphatiques qui sont situées profondément dans la région cervicale, autour des premiers segments des voies aériennes, vers la partie inférieure et postérieure du larynx et dans le voisinage immédiat de la trachée et de l'œsophage, dans le voisinage du nerf récurrent. Ces ganglions forment une chaîne, composée presque toujours de trois amas ou groupes, qui sont : 1° un groupe inférieur, le plus constant, le plus volumineux et qui se confond avec les ganglions médiastinaux ; 2° le groupe moyen, moins constant et formé de ganglions excessivement petits, pouvant échapper à la vue ; 3° le groupe supérieur, situé près de la partie inférieure et postérieure du larynx, composé aussi de ganglions très petits. Ces trois groupes peuvent se réunir et former une chaîne continue ; quelquefois l'un des groupes supérieurs peut manquer. Ils sont susceptibles d'hypertrophie et de prendre un volume considérable chez les tuberculeux, les cancéreux et peut être aussi chez les syphilitiques.

Des autopsies pratiquées par les auteurs, sur des tuberculeux principalement, il résulte que l'hypertrophie était surtout prononcée aux groupes inférieur et supérieur. Quant aux symptômes de la compression du nerf, ils consistent dans la paralysie ou le spasme, quelquefois prolongé ou même permanent ; on a décrit ces cas de spasme sous le nom de paralysie des dilatateurs, mais la possibilité d'écartement des lèvres de la glotte, de diminution et même de cessation des bruits laryngiens au moment de l'inspiration, sous l'influence des anesthésiques, semble devoir écarter l'hypothèse paralytique. » (*Bulletin de l'Acad. de Méd.* n° 9, 1884).

II. De la laryngite spasmodique ou coqueluchehoïde et de son traitement.

— M. le Dr Séjourné décrit, sous ce titre, non une maladie nouvelle, mais « une des formes très variées de la laryngite chronique, ou plutôt une des modalités cliniques de cette maladie. » La laryngite spasmodique offre, comme principal caractère, la toux, qui est convulsive, formée de quintes rappelant celles de la coqueluche et, comme elle, pouvant provoquer des désordres mécaniques tels que l'épistaxis ; précédée d'une sensation de titillation au larynx, interrompue par des reprises bruyantes, et se terminant par le rejet de mucosités visqueuses, quelquefois sanguinolentes, auxquelles se joignent aussi parfois des matières alimentaires.

La laryngite spasmodique commence par une toux qui n'éveille pas d'abord l'attention : elle consiste en deux ou trois saccades expiratoires brèves, superficielles, qui se renouvellent à de rares intervalles ; puis de jour en jour ces saccades deviennent plus nombreuses, plus rapides, et constituent la quinte. Cette quinte se présente surtout au réveil, quand le malade sort du lit, quand il passe d'un milieu chaud dans un plus froid. La fumée de tabac, l'exercice de la parole la provoquent aussi. Il peut y avoir un très grand nombre de quintes par jour, jusqu'à quinze ou vingt. Aussi le malade peut-il être épuisé, maigrir malgré l'appétit, avoir des sueurs la nuit. Il y a presque toujours en même temps de l'angine pharyngée, qui peut être glanduleuse. La bronchite concomitante est rare. Livrée à elle-même, cette affection est d'une très grande ténacité, elle peut durer des mois.

Quant au diagnostic différentiel, M. Séjourné écarte la confusion avec la toux hystérique qui, bien que saccadée et convulsive, n'est pas celle de la laryngite spasmodique ; l'hystérie du reste, doit se révéler en même temps par d'autres phénomènes. Malgré la ressemblance de la toux en question avec celle de la coqueluche, il y a plusieurs autres éléments qui permettent de distinguer les deux affections. Par la nature de la toux, par le peu d'altération de la voix, la laryngite spasmodique a aussi une place bien à part de la laryngite glanduleuse ordinaire. La toux de la laryngite coqueluchoïde est quelquefois si effrayante et d'une durée si longue qu'elle est de nature à faire craindre la tuberculose pulmonaire. M. Séjourné répond que celle-ci doit donner lieu à des signes physiques, et que dans la laryngite tuberculeuse primitive la toux est sourde et éructante, la voix éteinte et enrouée. Il n'est pourtant pas éloigné de croire que la laryngite chronique qu'il décrit peut, soit par contagiosité, soit par épuisement, conduire les sujets prédisposés à la phtisie ; et il va même jusqu'à penser que certains malades, atteints de quintes de toux depuis plusieurs mois, auraient échappé à l'invasion de la tuberculose pulmonaire si l'on avait eu recours plus tôt au traitement externe, qui n'a pu être que palliatif à cause de la présence de la lésion thoracique. Rien de plus simple, d'ailleurs, que ce traitement : il suffit généralement de 3 ou 4 badigeonnages de teinture d'iode pour faire disparaître cette toux si pénible et si fatigante.

En ce qui concerne le procédé opératoire, M. Séjourné se sert d'un pinceau long et coudé, trempé dans de la teinture d'iode pure, sans addition de glycérine ; il porte directement le pinceau non exprimé au fond de la gorge, badigeonne rapidement le pharynx et ramène l'instrument d'arrière en avant pour toucher le vestibule de la glotte et la partie inférieure de l'épiglotte. Le badigeonnage terminé aussi promptement que possible, on invite le malade à respirer profondément, afin de lutter contre les spasmes de larynx et les envies de tousser. La plupart du temps ces badigeonnages sont bien supportés et la gorge s'y habitue très rapidement (1).

III. **Laryngite striduleuse**. — M. le Dʳ Cadet de Gassicourt a fait à l'hôpital Trousseau une clinique sur cette maladie qui semble si connue et qui cependant ne peut être toujours diagnostiquée avec certitude et séparée du vrai croup. La laryngite striduleuse peut être une cause de mort par le spasme, et le danger est parfois tel que le malade succomberait sous les yeux des médecins s'il n'était opéré à temps. Ainsi qu'il arrive toutes les fois qu'on agit en dehors de la dipthérie, la trachéotomie perd alors la gravité qu'on lui reconnaît dans cette dernière affection.

IV. **Traitement de la diphthérie**. — Le traitement de la diphthérie a donné lieu, comme d'habitude, à de nombreuses publications. La tendance générale qui s'en dégage est de recourir systémaquement aux antiseptiques, intus et extra, c'est-à-dire à un traitement éminemment rationnel quand on a soin de le maintenir dans des limites compatibles avec le maintien des forces qui constituent toujours l'indication fondamentale.

M. Renou est l'auteur d'une de ces « Applications de la méthode antiseptique au croup et à l'angine couenneuse. » Aux procédés de la pulvérisation qui n'a pas toujours l'efficacité désirée et qui a souvent l'inconvénient de produire une réfrigération inopportune, M. Renou a préféré, dans ses essais, le procédé de la vaporisation qui a le double avantage d'élever et de maintenir à un degré constant la température et l'état hygrométrique du milieu où elle est dégagée, l'atmosphère limitée d'une chambre, par exemple, de charger cet air de telles vapeurs médicinales ou antiseptiques que l'on juge utile d'employer, enfin de porter cette vapeur composée et modificatrice tout le long de l'arbre aérien jusqu'à l'absorption pulmonaire et de là dans le torrent circulatoire. M. Renou a employé, sous cette forme, tant pour modifier topiquement les surfaces malades dans le croup et dans l'angine couenneuse que pour en obtenir les effets généraux ultérieurs de l'absorption, les vapeurs d'acide phénique, d'acide salicylique et d'acide benzoïque.

---

(1) Société de Thérapeutique. Séance du 9 janvier 1884. Analysé dans la Revue médicale française et étrangère, n° 5, p. 153, 1884.

Voici comment il les a appliquées dans les cas d'affections diphtéritiques qu'il a eu à soigner.

Il installe son malade dans une chambre convenablement aérée, sans être trop vaste, chauffée entre 20 et 25 degrés, en assurant le renouvellement de l'air et évitant l'encombrement. On obtient la vaporisation par un ou deux petits fourneaux à pétrole en usage dans les cuisines. Sur ce fourneau qui donne une source considérable de chaleur, on place un vase d'une contenance d'un à deux litres d'eau, rempli de la solution antiseptique L'appareil est placé près du lit et la vapeur concentrée sur le malade par un rideau entourant le fourneau et la tête du lit. Voici la formule que M. Renou a adopté.

Acide phénique...................... 280 grammes.
— salicylique .... 56 —
— benzoïque .... 112 —
Alcool rectifié..................... 468 —

On verse toutes les trois heures, dans les deux litres d'eau en ébullition sur le fourneau, une cuillerée à bouche ou un verre à liqueur de cette solution. Le malade doit être laissé dans ce milieu jusqu'à disparition entière des symptômes et deux ou trois jours après ; s'il est trachéotomisé, jusqu'à la guérison de la plaie.

Les malades seront alimentés le plus possible ; vin, cognac, café. A l'appui de cette méthode, l'auteur rapporte 18 observations qui peuvent se résumer ainsi :

1° Angine couenneuse et croup, trachéotomie : sept cas, sept guérisons ;

2° Angine couenneuse et croup, sans trachéotomie : six cas, six guérisons ;

3° Angine couenneuse simple sans complication laryngienne : trois cas, trois guérisons ;

4° Deux cas d'angine couenneuse et croup non opéré ; mort par suite de conditions spéciales qui ont rendu la méthode inefficace (1).

On ne saurait sans illusion compter toujours sur d'aussi beaux résultats, en raison surtout de la variabilité du génie épidémique ;

_____

(1) Gazette des hôpitaux, 1884, n° 17.

mais la méthode est rationelle et s'impose à l'attention des praticiens (1).

L'*essence de térébenthine* vantée dès 1880 , par Bosse , puis par Münck et Satlow , rallie de son côté de nouveaux partisans. — On sait que Bosse avait découvert accidentellement les heureux effets de cette substance dans la diphthérie , et que Satlow avait retiré de son emploi de magnifiques résultats , ayant obtenu 42 guérisons sur 43 malades. Satlow employait autant que possible de l'essence fraîchement distillée et la donnait aux doses suivantes :

Aux enfants jusqu'à cinq ans , une cuillerée à café ; aux enfants plus âgés , deux cuillerées à café ; aux adultes, une cuillerée à bouche pour un jour, en ayant soin de faire suivre chaque administration d'nne large ingestion de lait ou de vin.

Telle est également la pratique d'Hübener qui prescrit la formule suivante :

Huile de térébentine rectifiée..............
Macilage de gomme arabique... .... $\}$ *aa* 5 *à* 10,0
Sirop simple ....

à prendre en une heure , en deux ou trois fois.

L'auteur recommande en même temps la limonade citrique , les bains tièdes , le benzaote de soude, un air pur et frais, et , si la fièvre est forte , le sulfate de quinine à haute dose, enfin les badigeonnages avec une solution de nitrate d'argent à 5 % (2).

D'autre part , une série d'observations a conduit Jozefowiez à poser les conclusions suivantes :

1° La térébenthine prise à l'intérieur, possède une efficacité réelle dans la diphthérie ;

2° Quelques heures après son emploi, l'affection prend déjà une

---

(1) Le traitement systématique des affections parasitaires par les lavages et notamment les fumigations phéniquées , est un corollaire des idées primitivement émises par M. A. Béchamp dès 1866 et mises en pratique , sous son inspiration , dans plusieurs établissements de sériciculture. Voir : A. Béchamp, « Sur la maladie actuelle des vers à soie, sa cause, et les moyens propcsés pour la combattre. » Montpellier, 1866, et « Conseils aux sériciculteurs sur l'emploi de la créosote dans l'éducation des vers à soie. » Montpellier, 1868.

(2) Die diphtheritis und ihre Behandlung. — Von Dr. med. Hübener prakt. Arzt in Berlin. Verlag von Fr. Luckhardt, 1883.

meilleure allure Les membranes se gonflent, leurs éléments se dissocient ou se raccornissent et se séparent des parties voisines;

3º On peut donner sans inconvénient de fortes quantités de térébenthine (ordinairement une cuillerée à café pro dosi);

4º La diarrhée ne constitue pas une contr'indication à son emploi;

5º Dans les cas de fièvre intense, la température subit une notable diminution;

6º Le traitement térébenthiné local peut encore exercer une heureuse influence sur la marche de la maladie (1).

Bronikowski rapporte cinq observations de diphthérie traitée par le même agent. La mort survint dans un cas où le remède ne put être administré que quelques heures avant l'agonie, mais dans tous les cas, la guérison fut complète et rapide (2).

Le *sublimé*, dont l'action bacillicide est si énergique et que Kaulich n'a pas craint d'introduire dans la thérapeutique de la diphthérie, est recommandé par Rothe (d'Altenburg), auteur d'un travail récent sur l'étiologie, la prophylaxie et le traitement de cette maladie (3).

Entre autres mesures prophylactiques, Rothe recommande les gargarismes pratiqués avec une solution de thymol au millième, ou bien encore avec le mélange, à une tasse d'eau, d'une cuillerée à café de la solution suivante:

R. Acide phénique.................. ⎫
    Esprit de vin..................... ⎬ *ana* 10,0.
    Teinture d'iode .... ⎭

    Glycérine .... ⎫
    Eau distillée,.................... ⎬ *ana* 25,0.

---

(1) Beitrag zur Wirkung des Terpentinöls bei Diphtherie. — Von Dr Jözefowicz in Kowno.

(2) Einige Fälle von Diphtherie mit Terpentinöl behandelt. — Von Dr Bronikoswki in Erivan, Kaukasien. Gazeta lezarska. 5/84. — Analysés dans Deutsche Medz. Ztg., nº 29, 1884.

(3) Die Diphtherie. Ihre Entstehung, Verhütung und Behandlung. Von Dr C.S. *Rothe*.— Altenburg. Leipzig, Abel 1884. — Analysé dans Deutsche Medz. Ztg. 1884, nº 21, p. 233.

— 8 —

Pour combattre la diphthérie, il déclare s'être bien trouvé, dans une pratique très étendue, des formules ci-dessous :

R. Cyanure de mercure................ 0,02 (?).
    Eau distillée........................ 60,0.
    Teinture d'aconit .... 1,0 (1).

ou bien :

R. Bichlorure d'hydrargyre........... 0,01 — 15.
    Chlorure de sodium...............
    Pepsine.......................... } *ana* 0,5.
    Eau distillée..................... 120,0.
    Teinture d'aconit .... 1 — 2,0.

D. Une cuillerée à café d'heure en heure.

Nous venons de rappeler que Kaulich pratiquait des badigeonnages avec le sublimé; Koszutzki leur préfère des gargarismes au sel marin (5-10 %) combinés avec des insufflations de calomel (0,1-0,4) répétés trois ou quatre fois par jour, ce qui conduit indirectement aux mêmes résultats. (2)

Le Dr Götz (de Leutershausen) vante les injections parenchymateuses d'acide phénique au 20e pour détruire les plaques diphthéritiques encore limitées aux amygdales, ce qui marque fréquemment le début de la maladie. L'amygdale reçoit ainsi dans sa profondeur trois injections pratiquées avec la seringue de Pravaz armée, pour la circonstance, d'une aiguille de 6 à 7 centimètres, soigneusement vissée. Parfois les membranes diphthéritiques meurent après la première injection ; d'autres fois, elles prennent une coloration plus sombre,

---

(1) La dose de cyanure indiquée dans cette formule nous paraît tellement exagérée, que nous préférons croire à une erreur d'impression. — Le Dr Selden, après avoir employé une solution de cyanure à 0,10 centigr. par 100 grammes d'eau, a dû l'abandonner à cause des nausées, de la stomatite et du dégoût qu'elle provoquait, et se borner à la proportion de 0,01 centigr. pour 100 gr. de véhicule (Revue méd. Fr. et Etr., 1883, t. 2, p. 243). En dépit des succès qu'on lui attribue, nous doutons fort que cette médication dangereuse prenne une place définitive dans la pratique. Beaucoup de praticiens craindront sans doute, et avec raison, d'abattre le malade en visant le microbe.   E. B.

(2) Zur Behandlung der Diphtherie mit Quecksilberpräparaten. Von Stabsarzt a. D. Dr V. Koszutzki. Posen. Allg. med. Central-Zeitung 1/84, et Deutsche Med. Z. 1884, n° 14, p. 153.

d'un brun jaunâtre et se détachent le troisième jour, ou bien encore, elles persistent et s'étendent. Quand, malgré tout, l'enduit s'étend sur le voile du palais, il est plus léger que dans les autres cas et produit une infiltration moindre. (Paris médical 1884 n° 12).

Il s'agit là d'une pratique déjà inaugurée en 1878 par le Dr Taube (de Leipzig), (1) lequel se servait d'une solution à 3 % dont il injectait trois fois par jour une demi-seringue de Pravaz.

Après Bouchut, le promoteur de cette méthode thérapeutique, Schaeffer (de Saargemünd) recommande les applications locales de *papayotine*, en solution à 5 %. Les badigeonnages doivent être répétés toutes les 10 à 15 minutes ; sous leur action, on voit déjà au bout de quelques heures les dépôts disparaître, les membranes se dissoudre totalement en même temps que la fièvre tombe. L'unique inconvénient du traitement à la papayotine résulte de son prix très élevé. Ewald rappelle à ce propos que, déjà antérieurement, il avait proposé la substitution de la *pancréatine* à la papayotine comme une matière dotée du même pouvoir dissolvant sur les albuminoïdes. On pourrait employer la pancréatine sèche du commerce ou l'extrait glycérique de la glande fraîche. (2)

V. **Laryngite hémorrhagique.** — L'hypérémie de la laryngite catarrhale, quelquefois très légère, peut aller dans certains cas jusqu'à la rupture de quelques vaisseaux, déterminer la formation de petites ecchymoses et la striation sanguine des crachats, mais l'hémoptysie de quelqu'abondance n'est pas entrée jusqu'à ce jour dans la symptomatologie possible de cette affection. Il faut croire cependant que le cas peut se présenter, bien que rarement, au milieu du cortège des accidents inflammatoires les plus vulgaires. Stepanow (de Moscou) a réuni, en effet, quatre cas de ce genre empruntés à Navratil, Fränkel, Böcker et Lewin. Un autre cas lui est personnel ; enfin P. Heymann en posséderait également un exemple. La perte de sang peut être importante, elle a atteint plusieurs fois la valeur d'une tasse. Le mémoire de Stepanow ne contient malheureusement

---

(1) Deutsche Zeitschrift für pract. med. 1878, n° 35.

(2) Zur Behandlung der Diphtherie mit Papayotin. — Von Dr Schaeffer. Sarrgemund. Berl. Klin. Wochenschr. 52/83, et Deutsche Mdz. Zg. 8/84.

aucun éclaircissement sur l'étiologie et les caractères particuliers de l'affection. (1)

VI. Le Dr Héring a communiqué à la Société française d'otologie et de laryngologie une série d'observations intéressantes de « Corps étrangers égarés dans le larynx et l'œsophage » aiguilles, boucle de métal, parcelles osseuses, dont il est venu à bout par l'extraction directe, guidée par un examen laryngoscopique préalable.

L'asphyxie immédiate peut être la conséquence de l'introduction d'un corps étranger dans le larynx ; mais il arrive parfois que, dans des conditions plus favorables, l'objet peut séjourner assez longtemps dans cet organe en provoquant les troubles symptomatiques et fonctionnels les plus variés, depuis la toux et l'enrouemeut, jusqu'à la dysphagie et la suffocation complète.

Dans les cas de ce genre, Hering recommande de faire précéder les tentatives d'extraction d'un examen laryngoscopique, l'objet avalé pouvant être en même temps engagé dans le larynx et l'œsophage. Les observations démontrent également la possibilité d'atteindre avec le doigt les cordes vocales, surtout chez les enfants, où souvent on ne peut opérer l'extraction que guidé par le doigt. Quelquefois l'examen du larynx à l'aide du miroir et l'extraction du corps étranger ne peuvent être opérés qu'avec le secours du chloroforme, ce qui, surtout chez les enfants, permet d'opérer avec aisance et certitude. Enfin l'examen avec la sonde œsophagienne terminée par une boule métallique doit être répété à plusieurs reprises et avec le plus grand soin.

Au point de vue pratique, il convient de prévoir les cas, assurément nombreux, où le praticien n'est pas en état de se servir du laryngoscope. Le Dr Baratoux rappelle la conduite à tenir en pareille occurrence. S'il s'agit de perles, de fragments d'os, de pièces de monnaie etc., on fera bien de placer le malade la tête en bas et de le frapper sur le dos, car, dans cette position, le corps étranger a pu souvent tomber dans la bouche du patient et par suite sortir facilement. En cas d'insuccès, et si les phénomènes d'asphyxie sont imminents, on pratiquera la trachéotomie, car il n'est pas prudent d'aller pratiquer des manœuvres dans le larynx, sans voir ce que l'on fait,

---

(1) Uber Laryngitis haemorrhagica. — Von Dr E. M. Stepanow (Moskau). Monatsschrift für Ohrenheilk. 1/84, et Deutsche Mdz. Zg. 22/84.

surtout lorsqu'il s'agit de corps étrangers qui, par leur déplacement, pourraient amener la mort du patient, comme cela est arrivé maintes fois.

Cependant, quand il n'y a pas urgence à faire l'extraction, il est bon d'attendre l'arrivée d'un confrère plus expérimenté. (1)

Rappelons incidemment que si les vomitifs sont, dans maintes circonstances, un excellent moyen de déloger les corps étrangers de l'arrière gorge, en dehors du larynx, il importe, en revanche, d'écarter leur emploi lorsque le corps du délit occupe le larynx. On risquerait, en effet, non-seulement de ne pas obtenir son élimination, mais encore de provoquer un déplacement toujours dangereux et quelquefois mortel.

---

(1) Compte rendu de la Société française d'Otologie et de Laryngologie. Séance du 24 janvier 1884, in Revue mensuelle de Laryngologie, etc. du D⁰ Moure, n° 3, 1884.

Lille Imp. L. Danel.